HTML

Sommario

HTML 1

Premessa 4

Capitolo 1 10

  Cos'è HTML? 10

Capitolo 2 16

  Anatomia di HTML 16

Capitolo 3 22

  La sintassi 22

Capitolo 4 31

  Elementi 31

  Article 36

  Section 39

  Figure e figcaption 41

Capitolo 5 45

  Form 45

  Input 49

Capitolo 6 63

  Canvas 63

Template di base 69

Gradiente 74

Capitolo 7 80

SVG 80

Capitolo 8 91

Web Workers 91

Sicurezza 97

Capitolo 9 100

Geolocalizzazione 100

Conclusioni 108

Premessa

HTML (HyperText Markup Language) è il linguaggio predominante delle pagine web. Ogni volta che leggi o interagisci con una pagina nel browser, è probabile che si tratti di un documento HTML. Sviluppato originariamente come un modo per descrivere e condividere articoli scientifici, l'HTML viene ora utilizzato per contrassegnare tutti i tipi di documenti e creare interfacce visive per software basato su browser.

Con HTML5, tuttavia, l'HTML è diventato tanto un'API (Application Processing Interface) per lo sviluppo di software basato su browser quanto un linguaggio di markup. In questo libro parleremo della storia di HTML e HTML5 ed esploreremo alcune delle sue funzionalità. HTML5 migliora gli elementi esistenti in HTML quindi possiamo creare form avanzati senza la necessità di una libreria JavaScript.

Adesso puoi validare una mail lato client semplicemente aggiungendo che l'input è di tipo e-mail, stessa cosa vale per gli URL. Inoltre, nuovi elementi audio e video ci consentono di incorporare supporti audio e video direttamente nei nostri documenti.

Entrambi gli elementi hanno anche interfacce di scripting che possiamo usare per creare lettori multimediali personalizzati o effetti visivi intelligenti. E possiamo farlo senza la necessità di un plug-in nei browser. Possiamo disegnare in HTML5 con l'aggiunta dell'elemento canvas e il supporto per la grafica vettoriale scalabile in linea (o SVG).

L'elemento canvas è una potente API di disegno bitmap che ci consente di creare immagini, grafici e giochi 2D o 3D. SVG, d'altra parte, utilizza la grafica vettoriale per creare immagini riutilizzabili, scalabili e utilizzabili tramite script che funzionano su dispositivi e schermi. Forse il più grande cambiamento di HTML5 è questo: API che fanno parte del modello di oggetti del documento HTML, ma non hanno elementi di markup corrispondenti. Sono puramente API DOM che possiamo utilizzare con JavaScript per condividere e consumare dati o creare applicazioni localizzate.

Un contributo fondamentale è costituito dall'API di geolocalizzazione consente alle nostre app o siti Web di recuperare la posizione dell'utente. Infine, gli eventi inviati dal server e i WebSocket consentono la comunicazione quasi in tempo reale tra client e server.

Dopo aver letto questo libro, conoscerai le basi di tutto ciò che è stato menzionato e sarai sulla buona strada per sviluppare incredibili siti Web e applicazioni in HTML5.

Sebbene questo libro sia pensato per i principianti HTML5, non è del tutto completo. Di conseguenza, presumiamo una conoscenza preliminare dell'HTML. Man mano che procediamo nel libro, affronteremo alcuni argomenti più avanzati, come le API e le applicazioni offline. Per seguire queste sezioni, dovresti avere un minimo di familiarità con l'HTML e le basi di JavaScript e del Document Object Model (DOM).

Non è necessario avere una conoscenza approfondita di JavaScript, tuttavia, dovresti comprendere la gestione degli eventi, i tipi di dati JavaScript e le strutture di controllo come i cicli while e le condizioni if-else. Manterremo semplici i nostri esempi di script e li spiegheremo riga per riga.

Mozilla Developer Network offre fantastiche risorse di apprendimento e documentazione sia per JavaScript che per il DOM. Tutto ciò di cui hai bisogno per sviluppare documenti HTML5 è un editor di testo per scrivere e un browser per visualizzare il tuo lavoro.

Non utilizzare software di elaborazione testi. Quei programmi sono fatti per scrivere documenti, non per programmare. Avrai invece bisogno di un software in grado di leggere e scrivere semplice testo.

Se sei un utente Windows, prova Notepad++ che è un editor di testo gratuito e open source. Gli utenti di Mac OS X potrebbero provare TextWrangler che è gratuito, ma non open source. Brackets è un'altra opzione per utenti Windows e Mac. Gli utenti Linux possono utilizzare gEdit, fornito in bundle con Ubuntu Linux, oppure provare Bluefish che è gratuito e open source.

Sono disponibili anche opzioni software a pagamento, a volte più raffinate delle opzioni gratuite e open source tra queste spicca IntellijIDEA che con auto-completamento e template personalizzabili resta una delle scelte migliori.

Capitolo 1
Cos'è HTML?

Abbiamo parlato di HTML5 ma di cosa si tratta? La risposta più semplice sarebbe: è l'ultima versione di HTML. Ma questo non ci dice molto. In particolare, HTML5:

- definisce un algoritmo di analisi per generare un albero DOM (Document Object Model) coerente, anche da markup ambigui o di scarsa qualità;
- aggiunge nuovi elementi per supportare applicazioni multimediali e web;
- ridefinisce le regole e la semantica degli elementi HTML esistenti.

Con HTML5, ora possiamo incorporare audio e video in modo nativo nei documenti HTML. Possiamo creare esperienze più solide e complete per il controllo degli errori. Possiamo creare giochi, grafici e animazioni utilizzando l'elemento canvas. In altre parole, HTML5 è molto più di una piattaforma applicativa, non solo un linguaggio di markup.

La storia di come e perché sia nato HTML5 è troppo lunga per essere trattata adeguatamente in questo libro. Detto questo, un po' di contesto storico può aiutarti a capire in parte come è nato HTML5.

HTML ha le sue radici nello Standard General Markup Language, o SGML. Pensa all'SGML come a un insieme di regole per la definizione e la creazione di linguaggi di markup. Creato all'inizio degli anni '90, l'HTML era un modo standardizzato per descrivere la struttura dei documenti ipertestuali. La parola "ipertesto" significa che il testo "contiene collegamenti ad altri testi" e non è vincolato dalla linearità. Descrivendo la struttura di un documento, lo separiamo da come appare o da come viene presentato all'utente finale. Ciò ha reso più facile condividere e ridistribuire i documenti. Inoltre, il protocollo HTTP (Hypertext Transfer Protocol) ha semplificato la condivisione di documenti su Internet.

"HTML 1" definisce una semplice sintassi basata su tag per spiegare la struttura del documento, una struttura del documento molto semplice. Gli elementi del paragrafo (p) e dell'elemento dell'elenco (li) non richiedevano un tag di fine. La prima versione non includeva nemmeno gli elementi img o table. Il supporto per le immagini è stato aggiunto nella versione 1.23 della specifica. La grammatica HTML è cambiata solo leggermente con la versione 2.04.

Da questo momento era possibile usare i tag di fine per elementi come p e li, ma questi tag di fine erano opzionali. Il passaggio da HTML

2.0 a HTML 3.2, tuttavia, ha segnato un enorme balzo in avanti.

Con HTML 3.2, era possibile cambiare il rendering con l'elemento font. Era possibile aggiungere una robusta interattività con gli applet Java e l'elemento applet così come aggiungere dati tabulari con gli elementi table, tr e td. Ma forse la caratteristica più significativa introdotta in HTML 3.2 erano i fogli di stile.

La maggior parte del web, tuttavia, si è basata su HTML 4. Con l'avvento di HTML 4, era possibile dire al browser come analizzare il nostro documento scegliendo un tipo di documento. HTML 4 offriva tre opzioni:

- Transitional: che consentiva combinazioni di elementi HTML 3.2 deprecati e HTML 4;

- Strict: che consentiva solo elementi HTML 4;
- Frameset: che consentiva di incorporare più documenti in uno utilizzando l'elemento frame.

Tuttavia, in tutte queste versioni di HTML non c'erano regole chiare su come analizzare l'HTML. Il W3C ha smesso di lavorare su HTML 4 nel 1998, scegliendo invece di concentrare i propri sforzi su un'alternativa ovvero XHTML.

XHTML 1.05 è stato creato come "una riformulazione di HTML 4 come applicazione XML 1.0". XML, eXtensible Markup Language, era una revisione web-friendly di SGML che offriva regole più rigide per la scrittura e l'analisi del markup.

Ben presto XHTML è stato rimpiazzato con una nuova versione di HTML che è stata strategica anche per il mercato mobile. HTML5 è diventato una parola d'ordine per indicare "tutto ciò che possiamo fare nel browser e che non potevamo fare prima". In questo libro, non ci soffermeremo molto sulle funzionalità introdotte con CSS3 o di JavaScript, focalizzeremo l'attenzione su HTML e, in particolare, HTML5.

Capitolo 2
Anatomia di HTML

Ogni documento HTML è composto da elementi e gli elementi sono rappresentati da tag. I tag sono una sequenza di caratteri che segnano il punto in cui iniziano e il carattere / (o parti diverse) indicano la fine di un elemento. Tutti i tag iniziano con una parentesi angolare rivolta a sinistra (<) e terminano con una parentesi angolare rivolta a destra (>).

Ogni elemento ha un tag di inizio o un tag di apertura, che inizia con < ed è seguito dal nome dell'elemento (o da un'abbreviazione). Il nome dell'elemento può essere seguito da un attributo (o una serie di attributi) che descrive come dovrebbe comportarsi quell'istanza di un elemento. È possibile impostare un valore esplicito per un attributo con un segno =. Alcuni attributi, tuttavia, sono vuoti quindi la presenza di un attributo vuoto indica che il suo valore è vero cioè true.

Diamo un'occhiata a un esempio utilizzando l'elemento di input.

<input type = "text" name = "nome" disabled>

In questo esempio, type, name e disabled sono tutti attributi. I primi due hanno valori espliciti, ma disabled è vuoto. Alcuni elementi consentono attributi vuoti e di solito sono quelli che altrimenti potrebbero accettare solo valori vero / falso.

Ecco la parte difficile: il valore di un attributo vuoto è vero o falso in base alla presenza o all'assenza dell'attributo, indipendentemente dal valore che è stato impostato. In altre parole, sia disabled = "true" che disabled = "false" disabiliterebbero il controllo dell'input.

La maggior parte degli elementi ha anche un tag di chiusura. Anche i tag di chiusura iniziano con < ma invece di essere immediatamente seguiti dal nome dell'elemento, sono seguiti da una barra (/). Poi segue il nome dell'elemento e la parentesi >. Tuttavia, alcuni elementi sono noti come elementi void. Questi elementi non possono contenere contenuto e quindi non hanno un tag di chiusura. L'elemento di input mostrato sopra è un esempio di un elemento void.

Ora che abbiamo trattato le basi dei tag, diamo un'occhiata più da vicino a un documento HTML5. Apri il tuo editor di testo preferito e digita quanto segue e salva il file come ciao.html:

```html
<!DOCTYPE html>
<html>
 <head>
 <title>Ciao</title>
 </head>
 <body>
 <p>Ciao</p>
 </body>
</html>
```

Congratulazioni, hai scritto il tuo primo documento HTML5! Non sarà elegante ma illustra le basi di HTML5. La nostra prima riga, <!DOCTYPE html> è obbligatoria. In questo modo il browser sa che stiamo inviando del codice HTML5. Senza questa riga, c'è il rischio che i browser analizzino il nostro documento in modo errato. Perché? A causa del cambio di DOCTYPE.

Il passaggio a DOCTYPE significa che i browser analizzano ed eseguono il rendering di un documento in modo diverso in base al valore della dichiarazione <!DOCTYPE, se è servito con un'intestazione di risposta Content-type: text / html. La maggior parte dei browser implementavano alcune versioni della commutazione DOCTYPE per visualizzare correttamente i documenti che si basavano su un comportamento del browser non standard o su specifiche obsolete. HTML 4.01 e XHTML 1.0, ad esempio, avevano più modalità — strict, transitional e frameset — che potevano essere attivate con una dichiarazione DOCTYPE mentre HTML 4.01 utilizzava il seguente DOCTYPE per la sua modalità strict:

```
<!DOCTYPE HTML PUBLIC "-//W3C//DTD HTML 4.01//EN" "http://www.w3.org/TR/html4/strict.dtd">
```

HTML5 ha definito il DOCTYPE nel modo più breve possibile. La specifica HTML5 spiega: "I DOCTYPE sono obbligatori per retrocompatibilità. Se omessi, i browser tendono a utilizzare una modalità di rendering diversa che è incompatibile con alcune specifiche. L'inclusione di DOCTYPE in un documento garantisce che il browser compia un tentativo di seguire le specifiche pertinenti." Quindi, l'utilizzo del DOCTYPE HTML5 (<!DOCTYPE html>) attiva la modalità standard, anche per i browser meno recenti che non dispongono di parser HTML5.

Capitolo 3
La sintassi

HTML5 ha due modalità di analisi o sintassi: HTML e XML. La differenza dipende dal fatto che il documento sia servito con un'intestazione Content-type: text/html o un'intestazione Content-type: application/xml + xhtml.

Se viene fornito come text/html, si applicano le seguenti regole:

- I tag di inizio non sono necessari per ogni elemento;
- I tag finali non sono richiesti per ogni elemento;
- Solo gli elementi void come br, img e link possono essere "chiusi automaticamente" con />;

- I tag e gli attributi non fanno distinzione tra maiuscole e minuscole;

- Alcuni attributi potrebbero essere vuoti (come checked e disabled);

- I caratteri speciali, o entità, non devono essere sottoposti a escape;

- Il documento deve includere un DOCTYPE HTML5.

Analizziamo un codice HTML5:

```html
<!DOCTYPE html>
<html>
<head>
<meta charset=utf-8>
<title>Ciao</title>
<!--
Esempio di commento
La riga seguente include un CSS
-->
<link rel=stylesheet href=style.css
type=text/css>
```

```
<style>
body{
background: aliceblue;
}
<style>
</head>
<body>
<p>
<img src=fiore.jpg alt=Fiore>
Ti piace questo fiore?
<p>
Si, è molto bello. Di che varietà è?
<script src=logica.js></script>
</body>
</html>
```

Anche in questo caso, la nostra prima riga è una dichiarazione DOCTYPE. Come con tutti i tag HTML5, non si fa distinzione tra maiuscole e minuscole. Entrambe le dichiarazioni <!Doctype html> e <! DOCTYPE HTML> sono perfettamente valide.

Il prossimo è l'elemento <head>. L'elemento head in genere contiene informazioni sul documento, come il titolo o il set di caratteri. In questo esempio, il nostro elemento head contiene un meta elemento che definisce il set di caratteri per questo documento. Includere un set di caratteri è facoltativo, ma dovresti sempre impostarne uno ed è consigliabile utilizzare UTF-8. Il nostro elemento head contiene anche il titolo del nostro documento (<title>Ciao</title>). Nella maggior parte dei browser, il testo tra i tag title viene visualizzato nella parte superiore della finestra o della scheda del browser.

I commenti in HTML sono frammenti di testo che non vengono visualizzati nel browser. Sono visualizzabili solo nel codice sorgente e in genere vengono utilizzati per lasciare note a te stesso o a chi dovrà lavorare con quel documento. Alcuni programmi software che generano codice HTML possono includere anche commenti inoltre, per loro natura, i commenti possono apparire praticamente ovunque in un documento HTML. Ognuno deve iniziare con <!- e finire con ->.

L'head del documento può anche contenere elementi di collegamento che puntano a risorse esterne, come mostrato qui. Le risorse possono includere fogli di stile, immagini favicon o feed RSS. Utilizziamo l'attributo rel per descrivere la relazione tra il nostro documento e quello a cui ci colleghiamo. In questo caso, ci colleghiamo a un foglio di stile a cascata o a un file CSS.

CSS è il linguaggio del foglio di stile che usiamo per descrivere l'aspetto di un documento piuttosto che la sua struttura. Possiamo anche usare un elemento di stile (delineato qui da <style> e </style>) per includere CSS nel nostro file. L'uso di un elemento link, tuttavia, ci consente di condividere lo stesso file di fogli di stile su più pagine. A proposito, sia meta che link, sono esempi di elementi HTML vuoti; potremmo anche chiuderli automaticamente usando />. Ad esempio, <meta charset = utf-8> diventerebbe <meta charset = utf-8 />, ma non è necessario farlo.

Nell'esempio precedente, I valori dei nostri attributi non sono racchiusi tra virgolette, né singole, né doppie mentre nel nostro esempio ciao.html, abbiamo utilizzato le virgolette.

Entrambi sono metodi validi in HTML5 e puoi utilizzare virgolette doppie (") o singole ('). Fai attenzione ai valori degli attributi che non sono racchiusi da virgolette. Un elenco di valori separati da spazi, tuttavia, deve essere racchiuso tra virgolette. In caso contrario, il parser interpreterà il primo valore come il valore dell'attributo e i valori successivi come attributi vuoti. Considera il seguente frammento:

```html
<code class=php highlightsyntax><?php echo 'Ciao!'; ?></code>
```

Poiché entrambi i valori per l'attributo class non sono racchiusi tra virgolette, il browser lo interpreta in questo modo:

```html
<code class="php" highlightsyntax><?php echo 'Ciao!'; ?></code>
```

Solo php è riconosciuto come nome di una classe e abbiamo involontariamente aggiunto un attributo highlightsyntax vuoto al nostro elemento. Cambiare class=php highlightsyntax in class="php highlightsyntax" assicura che entrambi i valori degli attributi di classe siano trattati come tali.

Secondo le regole dell'HTML, alcuni elementi non richiedono tag di inizio o tag di fine. Questi elementi sono impliciti, infatti, anche se li lasci fuori dal markup, il browser si comporta come se fossero stati inclusi.

L'elemento body è uno di questi elementi. Quando il nostro browser crea l'albero del nodo del documento, aggiungerà un elemento body per noi. Solo perché puoi evitare di scrivere i tag di fine non significa che non devi scriverli. In entrambi i casi, il browser dovrà generare un DOM.

La chiusura degli elementi riduce la possibilità che i browser analizzino il DOM in modo errato. Il bilanciamento dei tag di inizio e di fine semplifica l'individuazione e la correzione degli errori, in particolare se si utilizza un editor di testo con evidenziazione della sintassi. Se lavori all'interno di un grande team o all'interno di un CMS (Content Management System), l'utilizzo di tag di inizio e fine aumenta anche le possibilità che la tua parte di HTML funzioni con quelli dei tuoi colleghi. È per questo motivo che per il resto di questo libro, utilizzeremo i tag di inizio e fine, anche se facoltativi.

Capitolo 4
Elementi

HTML5 aggiunge diversi elementi che forniscono un modo per suddividere un singolo documento in più porzioni di contenuto, contenuto che può essere correlato o indipendente. Questi elementi aggiungono ricchezza semantica al markup e semplificano lo scopo dei nostri documenti su supporti e dispositivi. Daremo uno sguardo a questi elementi e al modo in cui interagiscono utilizzando un esempio fittizio.

La nostra pagina di notizie inizia con un masthead e una barra di navigazione principale. Nelle versioni precedenti di HTML, avremmo potuto contrassegnarlo in questo modo:

```
<div id="header">
```

```
<h1>HTML5 <i>Esempio</i></h1>
<h2>Tutte le notizie</h2>
<ul id="nav">
<li><a href="#">Mondo</a></li>
<li><a href="#">Nazionali</a></li>
<li><a href="#">La tua città</a></li>
<li><a href="#">Sport</a></li>
<li><a href="#">Arte &amp;
intrattenimento</a></li>
</ul>
</div>
```

La nostra pagina termina con un elemento piè di pagina. Ancora una volta, utilizzando HTML 4, il nostro markup potrebbe essere simile a questo:

```
<div id="footer">
<ul>
<li><a href="#">Contattaci</a></li>
<li><a href="#">Termini di utilizzo</a></li>
```

```html
<li><a href="#">Privacy Policy</a></li>
</ul>
<p>Copyright 2020 HTML5 Esempio.</p>
</div>
```

HTML5, tuttavia, aggiunge elementi appositamente per questo scopo: header, nav e footer. Il primo elemento funziona come un'intestazione per il contenuto di un segmento di documento. Il footer funge da piè di pagina per un segmento di documento. Notate, ho detto segmento e non documento o pagina perché alcuni elementi sono considerati elementi di sezionamento. Questi elementi dividono un documento in sezioni o blocchi. Uno di questi elementi, ovviamente, è il nuovo elemento section.

Altri elementi di sezionamento includono body, article, così come anche nav. Ecco la parte difficile: ogni elemento di sezione può contenere il proprio header e footer. È un po' confuso, ma il punto principale qui è che un documento può contenere più elementi di intestazione e piè di pagina.

```
<header>
 <h1>HTML5 <i>Esempio</i></h1>
 <h2>Tutte le notizie</h2>
 <nav>
  <ul>
   <li><a href="#">Mondo</a></li>
   <li><a href="#">Nazionali</a></li>
   <li><a href="#">La tua città</a></li>
   <li><a href="#">Sport</a></li>
   <li><a href="#">Arte &amp;
intrattenimento</a></li>
  </ul>
 </nav>
</header>
```

Qui abbiamo inserito il nostro masthead e la navigazione nel tag header. Abbiamo anche scambiato il nostro attributo id = "nav" e il nostro valore per l'elemento nav. Riscriviamo il nostro piè di pagina utilizzando l'elemento footer di HTML5:

```
<footer>
 <ul>
  <li><a href="#">Contattaci</a></li>
  <li><a href="#">Termini di
utilizzo</a></li>
  <li><a href="#">Privacy Policy</a></li>
 </ul>
 <p>Copyright 2020 HTML5 Esempio.</p>
</footer>
```

Article

Articoli di riviste e post di blog sono ovvi esempi di quando un article sia semanticamente appropriato. Ma potresti anche usarlo per i commenti su un blog. In realtà, questo elemento è appropriato per qualsiasi elemento quasi di contenuto che potrebbe essere riutilizzato. Possiamo sostituire i nostri tag di inizio e fine <div id="article"> con i tag article.

L'elemento article è un esempio di sezionamento del contenuto, il che significa che può contenere un'intestazione e un piè di pagina. Se ci pensiamo bene, il nostro <div id="article-meta"> potrebbe essere considerato un piè di pagina per il nostro elemento article.

Una domanda sorge spontanea: ma perché usare un id? Stiamo mantenendo intatto il nostro attributo id perché ciò rende più facile distinguere gli altri elementi nella pagina se aggiungiamo script CSS o DOM.

Pensa all'elemento aside come all'equivalente HTML5 della barra laterale di un giornale o di una rivista. Indica il contenuto correlato all'articolo principale ma potrebbe essere autonomo.

In HTML 4, spesso questa sezione è contrassegnata da <div class="sidebar">. Tuttavia, l'elemento aside offre più significato e contesto quindi cambia il tuo markup per utilizzare questo nuovo elemento!

Lo scopo di questi nuovi elementi è avere un modo standardizzato di descrivere le strutture dei documenti. L'HTML è, in fondo, un linguaggio per lo scambio e il riutilizzo dei documenti. L'uso di questi elementi strutturali significa che lo stesso documento può essere pubblicato come pagina web ma anche per lettori di e-book senza dover ordinare un miscuglio di elementi div e attributi id.

Section

HTML5 introduce anche l'elemento section, che viene utilizzato per definire segmenti di un documento che non sono né un'intestazione, né un piè di pagina, né una navigazione, né un articolo o parte di esso. È più specifico del nostro vecchio amico, l'elemento div, ma più generico dell'article. In HTML 4, gli elementi div sono scelti per definire queste sezioni perché è la nostra sola opportunità. Ma in HTML5, abbiamo l'elemento section un po' più descrittivo.

Sebbene questi nuovi elementi di sezionamento ci diano una semantica e un significato migliori, portano anche un tocco di confusione. Una domanda che potresti chiederti è: "Va ancora bene usare l'elemento div? La risposta breve è "Sì".

Dopo tutto, div è ancora un elemento HTML5 valido ma ha poco valore semantico. Non offre alcuna informazione su ciò che contiene, quindi usalo per quei rari casi in cui non esiste un altro tag semanticamente rilevante. Ad esempio, potresti scoprire che devi aggiungere un elemento extra come "wrapper" per facilitare lo stile. O forse vuoi raggruppare diversi elementi in lingua francese all'interno di un documento in lingua italiana. Racchiudere questi elementi tra <div lang="fr"> e </div> è sicuramente appropriato. Nella maggior parte degli altri casi, è meglio usare section, header, nav, footer, article o aside.

Figure e figcaption

Se un documento era accompagnato da un grafico o un diagramma, in HTML 4, avremmo potuto utilizzare una combinazione di elementi div e p per contrassegnarlo come mostrato di seguito:

```
<div class="grafico" id="figura1">
 <img src="grafico.jpg" alt="Prezzo del prodotto dal 2000">
 <p class="didascalia">Immagine 1: Il prezzo ha subito un incremento del 50% dal 2000.</p>
</div>
```

Questo è un modo accettabile per farlo. Ma cosa succede quando vogliamo leggerlo sul nostro e-reader che visualizza documenti HTML utilizzando un layout in stile libro?

L'utilizzo di `<div class="grafico">` non ci dice molto su cosa sia questa porzione di informazioni e su come dovrebbe essere visualizzata. In questo caso, dovremmo usare l'elemento figure.

Questo elemento ci offre un modo per contrassegnare grafici e didascalie e renderli indipendenti dal flusso del documento. Che ne dici di modificare un po' il nostro markup?

```
<figure class="grafico" id="figura1">
 <img src="grafico.jpg" alt="Prezzo del prodotto dal 2000">
 <p class="didascalia">Immagine 1: Il prezzo ha subito un incremento del 50% dal 2000.</p>
</figure>
```

Ora il nostro e-reader sa che questo è un grafico e può visualizzarlo in modo appropriato. Abbiamo mantenuto gli attributi di classe e ID. Il primo è utile per lo stile CSS: forse vogliamo visualizzare i grafici in modo diverso dai diagrammi. Quest'ultimo rende facile il collegamento alla nostra figure.

Abbiamo ancora <p class="didascalia">, vero? Che ne dici di usare invece l'elemento figcaption? Questo elemento funge proprio da didascalia o legenda per il suo contenuto di pari livello. Non è richiesto, ma se incluso, figcaption deve essere il primo o l'ultimo figlio di un elemento figure. Cambiamo ancora una volta il nostro markup:

```
<figure class="grafico" id="figura1">
 <img src="grafico.jpg" alt="Prezzo del prodotto dal 2000">
 <figcaption>Immagine 1: Il prezzo ha subito un incremento del 50% dal 2000.</figcaption>
</figure>
```

Ora abbiamo un documento più accessibile e più facile da utilizzare e visualizzare per tutti i tipi di browser.

Capitolo 5
Form

I form HTML5 rappresentano un balzo in avanti rispetto a quelli delle versioni precedenti di HTML. Abbiamo una mezza dozzina di nuovi stati o tipi di input, come range e URL; abbiamo nuovi attributi che ci consentono di richiedere campi o di specificare un formato particolare; abbiamo un'API che ci consente di limitare e convalidare l'input e, infine, abbiamo nuovi elementi del form, come datalist, che ci consentono di creare interfacce utente accattivanti senza pesanti librerie JavaScript o plug-in.

Sfortunatamente, non tutti i browser supportano ancora tutte queste funzionalità. Per ora abbiamo ancora bisogno di utilizzare le librerie JavaScript e i polyfills (codice scaricabile che fornisce servizi che non sono integrati in un browser web) come strategie di ripiego. Il modo migliore per comprendere i form HTML5 è crearne uno. Proviamo a creare un modulo che raccolga suggerimenti per un sito fittizio. Dobbiamo raccogliere le seguenti informazioni con il nostro modulo:

- Nome
- Città di residenza
- E-mail
- Numero di telefono
- URL della fonte
- Ulteriore testo descrittivo

Vorremo chiedere all'utente di fornire un nome, un indirizzo e-mail e l'idea della sua storia. Per creare il nostro modulo HTML, dobbiamo iniziare con un tag dell'elemento form. Poiché vogliamo inviare questo modulo a uno script di elaborazione lato server, dovremo includere due attributi:

- action: l'URL dello script;
- method: il metodo di richiesta HTTP da utilizzare, a volte GET, ma solitamente POST.

Poiché questo form potrebbe contenere un messaggio lungo, utilizzeremo POST anziché GET. GET è più adatto a coppie chiave-valore brevi, come le caselle di ricerca. Altri metodi HTTP, come PUT, HEAD o DELETE possono essere utilizzati anche con i form, ma la maggior parte delle volte utilizzerai GET o POST.

Vale la pena notare qui che application/x-www-form-urlencoded è il valore del tipo di contenuto predefinito per i dati del form. Potremmo anche impostarlo in modo esplicito utilizzando l'attributo enctype, ma non è necessario. Potremmo anche impostare il nostro attributo enctype su multipart/form-data come mostrato di seguito:

```
<form action="/script" method="post"
enctype="multipart/form-data">
```

Entrambi si adattano bene per l'invio di testo ma, se volessimo caricare un file, dovremmo usare enctype="multipart/form-data".

Input

L'elemento input è l'elemento più utilizzato per la creazione di controlli del form. Un tag di input in genere include i seguenti attributi:

- name: il nome del campo;
- type: indica il tipo di controllo di input da visualizzare;
- id: un identificatore univoco per il campo;
- value: imposta un valore predefinito per il campo.

Di questi, solo il nome è obbligatorio affinché il nostro modulo possa inviare i dati. Ogni attributo name diventa una chiave o un nome di campo per il nostro script lato server. Detto questo, nella maggior parte dei casi, ti consigliamo di impostare anche l'attributo type. Esistono circa una dozzina di valori possibili per l'attributo type e ciascun valore di tipo corrisponde a un diverso tipo di controllo dell'interfaccia utente e a un insieme di vincoli di convalida. Il valore più usato per l'attributo type e per lo stato predefinito dell'elemento di input è text.

I nomi delle persone e dei luoghi sono in genere un misto di caratteri alfanumerici, spazi e segni di punteggiatura. Per questo motivo, utilizzeremo text per quei campi. Aggiungiamo i campi al modulo per il nome e la città di residenza e, poiché desideriamo richiedere all'utente un nome, aggiungeremo che si tratta anche di un attributo obbligatorio:

```
<p>
 <label for="nome">Nome:</label>
 <input type="text" name="nome"
id="nome" required>
</p>
<p>
```

```html
<label for="citta">Città di
residenza:</label>
<input type="text" name="citta" id="citta">
</p>
```

Abbiamo aggiunto un elemento sconosciuto qui: label. L'elemento label in un modulo HTML funziona proprio come l'etichetta in un modulo cartaceo. Dice all'utente cosa inserire nel campo.

Per associare un'etichetta a un controllo modulo, l'etichetta deve avere un attributo for che corrisponda all'attributo id del suo campo nel form. In alternativa puoi posizionare il controllo del modulo all'interno dell'elemento label.

L'uso degli attributi for e id, tuttavia, offre un po' più di flessibilità per i layout di pagina. Perché non utilizzare semplicemente il testo senza avvolgerlo in un elemento label? L'uso dell'etichetta aumenta l'usabilità del Web per coloro che hanno difficoltà fisiche o cognitive. Il software di lettura dello schermo, ad esempio, utilizza le etichette per aiutare gli utenti con problemi di vista nella compilazione dei moduli. È una funzione di accessibilità incorporata in HTML.

Uno dei grandi miglioramenti di HTML5 rispetto alle versioni precedenti è la convalida del form in modo nativo. Aggiungendo l'attributo required, chiediamo al browser di assicurarsi che questo campo sia stato compilato prima di inviare il modulo. Se il campo nome è vuoto quando l'utente invia il nostro modulo, i browser impediranno l'invio e avviseranno l'utente. Non è necessario usare alcuno scripting DOM per questa convalida, è qui la novità.

Vorremo far sapere al nostro utente che abbiamo ricevuto il suo contributo. Ciò significa che il nostro modulo richiede campi per l'indirizzo e-mail e il numero di telefono. Vogliamo anche raccogliere URL per ottenere maggiori informazioni quindi il nostro modulo avrà anche bisogno di un campo per l'URL.

Con le versioni precedenti di HTML, usavamo un campo di testo per tutti questi e convalidavamo i dati con JavaScript. HTML5, tuttavia, definisce tre nuovi tipi di input per questo scopo: email, tel e url. Aggiungiamo un campo email al nostro modulo e lo rendiamo anche obbligatorio:

```
<p>
  <label for="email">E-mail</label>
  <input type="email" name="email"
id="email" required>
</p>
```

L'utilizzo del tipo email indica al browser di controllare questo campo per un indirizzo di posta elettronica valido. Ovviamente non è in grado di stabilire se l'indirizzo può ricevere posta ma controllerà che l'input per questo campo sia sintatticamente valido.

Se un utente inserisce un indirizzo non valido, il browser avviserà l'utente quando invia il modulo. Potresti anche consentire all'utente di fornire più indirizzi e-mail. In tal caso, utilizza l'attributo multiple.

L'utente può quindi inserire uno o più indirizzi e-mail, ciascuno separato da una virgola. Ogni volta che consenti più valori per un campo di input, è una buona idea informare di ciò l'utente con un'etichetta o un testo esplicativo.

I numeri di telefono sono un'altra storia. Gli indirizzi e-mail aderiscono a un formato standard, ma per i numeri di telefono non è proprio così. Nel Regno Unito, i numeri di telefono possono contenere fino a 11 cifre. Negli Stati Uniti, non più di 10 cifre mentre alcuni paesi hanno numeri di telefono che contengono 13 cifre. La formattazione dei numeri di telefono varia anche in base al paese. Lunghezze e formati incoerenti rendono difficile la convalida del numero di telefono nativo.

Di conseguenza, la specifica non definisce un algoritmo per farlo. Aggiungiamo un campo telefono al nostro modulo. Per fare ciò, dobbiamo aggiungere un campo di input e impostare il valore del suo attributo type su tel. Non lo renderemo obbligatorio.

```
<p>
 <label for="telefono">Numero di
telefono:</label>
```

```html
<input type="tel" name="telefono"
id="telefono">
</p>
```

Il grande vantaggio di utilizzare tel invece del testo è che attiva una schermata di input numerico nei browser che lo supportano. Sebbene tel non ci fornisca la convalida automatica, possiamo modellare l'input dell'utente utilizzando due attributi:

- placeholder: che offre un "suggerimento" all'utente sul formato previsto da questo campo;
- pattern: che imposta un modello di espressione regolare che il browser può utilizzare per convalidare l'input.

Immaginiamo di riferirci ad un pubblico italiano quindi modifichiamo il codice scritto in precedenza:

```html
<p>
  <label for="telefono">Numero di telefono:</label>
  <input type="tel" name="telefono" id="telefono" placeholder="(000) 000-0000" pattern="\([2-9][0-9]{2}\) [0-9]{3}-[0-9]{4}">
</p>
```

Per il nostro attributo placeholder, abbiamo appena aggiunto del testo che riflette il formato previsto per questo numero di telefono. Per pattern, abbiamo utilizzato un'espressione regolare. Questo attributo fornisce un formato o un modello a cui l'input deve corrispondere prima che il modulo possa essere inviato. Quasi tutte le espressioni regolari valide in JavaScript possono essere utilizzate con l'attributo pattern. A differenza di JavaScript, non puoi impostare flag globali o senza distinzione tra maiuscole e minuscole.

Per consentire sia lettere maiuscole che minuscole, il tuo pattern deve usare [a-zA-Z]. L'attributo pattern stesso può essere usato con i tipi text, email, url e tel.

Il tipo di input dell'URL funziona più o meno allo stesso modo dell'e-mail. Convalida l'input dell'utente rispetto ai pattern URL accettati. Sono consentiti prefissi di protocollo come ftp:// e gopher://. In questo caso, vogliamo limitare l'input dell'utente ai domini che utilizzano i protocolli https://. Quindi aggiungeremo anche un attributo pattern qui:

```html
<p>
<label for="url">URL della fonte:
</label>
<input type="url" name="fonte" id="fonte"
placeholder="https://www.miosito.com/"
pattern="https://[-0-9a-z]{1,253}\.[.a-
z]{2,7}">
</p>
```

Ecco come si presenta l'intero form:

```html
<form action="./script" method="POST">
  <p>
    <label for="nome">Nome:</label>
    <input type="text" name="nome"
id="nome">
  </p>
  <p>
    <label for="citta">Citta di
residenza:</label>
    <input type="text" name="citta"
id="citta">
  </p>
  <p>
    <label for="email">E-mail (separate da
virgola):
    </label>
    <input type="email" name="email"
id="email"
```

```html
placeholder="mario.rossi@miosito.com"
multiple>
  </p>
  <p>
    <label for="tel">Telefono:</label>
    <input type="tel" name="telefono"
if="telefono" placeholder="(000) 000-0000"
pattern="\([2-9][0-9]{2}\) [0-9]{3}-[0-9]{4}">
  </p>
  <p>
    <label for="url">URL fonte</label>
    <input type="url" name="fonte"
id="fonte"
placeholder="http://www.example.com/"
pattern="https://[-0-9a-z]{1,253}\.[.a-
z]{2,7}">
  </p>
  <p>
    <label for="segnalazione">Cosa ci vuoi
segnalare?</label>
```

```html
<textarea name="segnalazione"
id="segnalazione" placeholder="Scrivi qui
cosa ci vuoi segnalare..."
maxlength="2000"></textarea>
  </p>
  <p>
  <button type="submit">Invia</button>
  </p>
</form>
```

Abbiamo già discusso diversi tipi di input in questo capitolo, ma ce ne sono altri che bisogna tenere in considerazione:

- search
- range
- number
- color
- datetime e datetime-local
- date

- month
- week
- time

Capitolo 6
Canvas

Man mano che il Web si è evoluto e maturato, anche il linguaggio utilizzato per visualizzare le pagine Web si è evoluto per tenere il passo con le nuove esigenze. La versione precedente di HTML ovvero la 4.01, ha molti elementi che ora sono obsoleti. Gli utenti di Internet sono sempre più esigenti e questo significa che si aspettano che le pagine web appaiano in un certo modo e vengano caricate rapidamente.

HTML5 cerca di affrontare ciò che mancava nelle versioni precedenti di HTML per gestire meglio la grafica e soddisfare tali aspettative. Il canvas può essere utilizzato per disegnare forme, come rettangoli, quadrati e cerchi o per incorporare immagini o video in un documento

HTML5. Puoi utilizzarne più istanze in un documento o solo una, a seconda delle tue esigenze. L'elemento canvas di base ha questo aspetto:

```
<canvas id="mioCanvas" width="300" height="150"></canvas>
```

A questo punto, vale la pena notare che l'elemento canvas corrisponde ad un nodo DOM (Document Object Model) incorporato nella pagina. Viene quindi creato il contesto, che è un oggetto che si utilizza per eseguire il rendering della grafica all'interno del contenitore. Se crei più canvas, dovrai creare elementi canvas per ogni contesto e denominarli in modo appropriato in modo che il browser capisca a quale oggetto stai facendo riferimento. L'elemento canvas è superficialmente simile all'elemento img. Entrambi hanno un'altezza e una larghezza e vengono visualizzati in un blocco rettangolare sulla pagina.

Tuttavia, img normalmente carica un'immagine preparata, come una fotografia mentre canvas si occupa di un'immagine programmabile; si utilizzano metodi di disegno JavaScript per manipolare direttamente i pixel. La tecnologia è veloce e ti permette di creare animazioni e giochi sofisticati. Nel complesso, canvas viene spesso paragonato a tecnologie come Flash e Silverlight.

Alcuni punti su cui riflettere prima di iniziare a giocare con canvas:

- Di solito è meglio assegnare a ciascun canvas un attributo id univoco in modo che i tuoi script possano fare riferimento direttamente ad esso.

Nessun altro elemento in quella pagina deve utilizzare lo stesso ID;

- Quando viene applicato il nostyling, il contenitore o l'elemento canvas sarà trasparente, senza bordo, quindi apparirà come una scatola rettangolare trasparente. La larghezza predefinita è 300 pixel e l'altezza predefinita è 150 pixel;

- In un mondo ideale, tutti userebbero i browser nella loro versione più recente ma non è sempre così, purtroppo. Ciò significa che di solito è necessario indicare al browser come comportarsi quando il canvas non è supportato;

- Se sei abituato a lavorare con l'elemento img, saprai che non richiede il tag di chiusura </img>. L'elemento canvas, d'altra parte, richiede il tag di chiusura, quindi dovresti sempre includere </canvas> alla fine del codice del contenitore.

Vale anche la pena ricordare a questo punto che il canvas utilizza coordinate, percorsi e gradienti. Questi possono sembrare un po' scoraggianti quando li incontri per la prima volta e spesso i principianti urlano "ODIO LA MATEMATICA!". Ma non c'è bisogno di preoccuparsi: presto ci prenderai la mano.

Mi sono imbattuto in molte domande pubblicate su vari forum che dicono tutte più o meno la stessa cosa: "Canvas sembra troppo complicato per la creazione di animazioni, perché non usare Flash dato?"

Ebbene, è vero che Flash ti consente di creare animazioni utilizzando strumenti professionali, che non richiedono necessariamente abilità di programmazione, tuttavia, canvas è superiore a Flash:

- buona compatibilità su desktop e dispositivi mobile;
- non richiede plug-in o dipendenze al di fuori del browser;
- è gratuito;
- una volta che hai imparato a usarlo, canvas può creare animazioni impressionanti utilizzando un codice minimo;
- Flash è deprecato da molti browser a partire dal 2021.

Template di base

Cominciamo con un modello di base che possiamo utilizzare per iniziare a lavorare. Aggiungeremo l'elemento canvas alla pagina e un piccolo script auto-eseguibile che ottiene il contesto:

```html
<html>
 <head>
  <title>Template base Canvas</title>
  <style type="text/css">
   canvas { border: 1px solid black; }
  </style>
 </head>
 <body>
 <canvas id="mioCanvas" width="300" height="150"></canvas>
 <script>
  (function() {
```

```
    var canvas =
document.getElementById('mioCanvas');
    if (canvas.getContext){
    var ctx = canvas.getContext('2d');
    }
    }
</script>
</body>
</html>
```

Ci sono due attributi essenziali che canvas ha: width e height. Se gli attributi non sono specificati, verrà utilizzato il valore predefinito di 300px di larghezza per 150px di altezza. La funzione getElementById trova semplicemente l'elemento canvas nel DOM, in base all'ID che abbiamo assegnato al canvas che, in questo caso, è mioCanvas.

La riga var ctx = canvas.getContext ('2d'); restituisce un oggetto che espone l'API per i metodi di disegno che utilizzeremo. Diamo un'occhiata a come possiamo disegnare alcune forme semplici.

Tutto il disegno deve essere fatto nella nostra funzione JavaScript, dopo la riga var ctx = canvas.getContext ('2d');. Disegniamo un rettangolo:

ctx.fillStyle="#0000FF";
ctx.fillRect(0,0,300,150);

Questo disegna un rettangolo blu che riempie l'area del canvas. Il metodo fillRect richiede che siano disegnate le coordinate x e y in alto a sinistra del rettangolo, seguite dalla sua larghezza e altezza. Il codice sopra crea un rettangolo di 300x150px che è posizionato con il suo angolo in alto a sinistra alla coordinata 0,0 e riempito con l'attuale fillStyle, che in questo caso è un blu (#0000FF).

L'attributo fillStyle può essere un colore, una sfumatura o un motivo.

L'API 2D dell'area di disegno fornisce metodi per disegnare diverse forme di base, tra cui:

- Rettangoli
- Archi
- Percorsi
- Testo
- Immagini

Noi abbiamo specificato la dimensione dell'area di disegno come 300x150 px ma se riduciamo la dimensione del rettangolo, vedrai un rettangolo all'interno del canvas. Ad esempio, se modifichiamo il codice come segue:

```
ctx.fillStyle="#0000FF";
ctx.fillRect(0,0,150,75);
```

Il canvas stesso rimane come una scatola trasparente, come puoi vedere e poiché abbiamo incluso un bordo nero attorno ad esso, puoi vedere la sua area. Senza il bordo non vedresti altro che il riquadro blu, ma il canvas sarebbe ancora lì quindi ricorda che gli attributi di larghezza e altezza determinano le dimensioni del sistema di coordinate in pixel.

Se utilizzi CSS per specificare una larghezza o un'altezza diversa, l'immagine del canvas verrà compressa o allungata di conseguenza. Ad esempio, se applichiamo una larghezza di 600px e un'altezza di 300px alla tela in CSS, ogni "pixel" del canvas sarebbe il doppio delle dimensioni di un pixel normale.

Gradiente

Proviamo a fare qualcosa di più interessante con un canvas, proviamo a disegnare un gradiente. Con HTML5, infatti, puoi utilizzare i gradienti per riempire forme come rettangoli e cerchi. Esistono due diversi tipi di sfumatura che puoi utilizzare:

createLinearGradient(x,y,x1,y1)
createRadialGradient(x,y,r,x1,y1,r1)

Vediamo come creare un gradiente classico che passa dal colore blu al giallo:

```
var grd =
ctx.createLinearGradient(0,0,400,0);
grd.addColorStop(0,"blue");
grd.addColorStop(1,"yellow");
```

ctx.fillStyle = grd;

ctx.fillRect(40,20,300,160);

Ecco il risultato:

La prima riga var grd = ctx.createLinearGradient (0,0,400,0); crea un oggetto CanvasGradient che definisce un gradiente tra due set di coordinate (x1, y1, x2, y2). Questi determinano la dimensione e la direzione del gradiente. Nel nostro esempio, si parte da (0,0) fino a (400,0) che si traduce in un gradiente orizzontale di 400 pixel di larghezza. Se la nostra scatola fosse più larga, l'ultimo colore si estenderebbe di conseguenza.

Se richiedessimo un gradiente verticale di 300px, utilizzeremmo:

var grd = ctx.createLinearGradient(0,0,0,300);

Adesso creiamo un gradiente radiale con gli stessi colori:

var grd = ctx.createRadialGradient(150,100,10,180,120,200);
grd.addColorStop(0,"blue");
grd.addColorStop(1,"yellow");

ctx.fillStyle = grd;
ctx.fillRect(0,0,300,150);

I parametri di createRadialGradient sono:

- le coordinate x e y del cerchio iniziale;
- il raggio del cerchio iniziale;
- le coordinate x e y del cerchio finale;
- il raggio del cerchio finale.

Il nostro codice produce l'output mostrato nell'immagine seguente:

Puoi sperimentare valori diversi per creare effetti interessanti. Modifichiamo il codice del gradiente lineare che abbiamo creato sopra con l'aggiunta di alcune interruzioni di colore:

```javascript
var grd =
ctx.createLinearGradient(35,25,25,190,105
,50);
grd.addColorStop(0,"red");
grd.addColorStop(0.25,"blue");
grd.addColorStop(0.3,"yellow");
grd.addColorStop(0.35,"magenta");
grd.addColorStop(0.4,"green");
grd.addColorStop(0.45,"pink");
grd.addColorStop(0.5,"gray");
grd.addColorStop(1,"white");


ctx.fillStyle=grd;
ctx.fillRect(20,20,400,400);
```

Il risultato sarà un gradiente come questo:

Capitolo 7
SVG

SVG è l'acronimo di Scalable Vector Graphics. Ti consente di creare grafici utilizzando il linguaggio di markup XML. SVG è in circolazione da un po' di tempo ed è supportato dalla maggior parte dei browser ma, a differenza di canvas, non è destinato alla manipolazione dei pixel.

SVG ti consente di creare grafica scalabile e, poiché è indipendente dalla risoluzione, è ideale per l'uso su progetti che potrebbero essere utilizzati su una varietà di risoluzioni e dimensioni dello schermo. Ad esempio, SVG è l'ideale per i siti che utilizzano Responsive Web Design (RWD). In effetti, l'uso di SVG in RWD è così ovvio, devi chiederti perché alcuni siti web vengono ridisegnati utilizzando immagini tradizionali.

SVG viene visualizzato perfettamente anche su schermi ad alta risoluzione e man mano che le risoluzioni migliorano, è probabile che vengano utilizzati più ampiamente. SVG utilizza un'API basata su nodi DOM ed è perfetto per chi ha una buona conoscenza di HTML, CSS e un po' di JavaScript. Puoi modellarlo usando CSS e renderlo interattivo con JavaScript e, per coloro che non hanno molta familiarità con JavaScript, ci sono molte librerie a disposizione, pronte a dare una mano.

Come con qualsiasi tecnologia web, SVG è in continua evoluzione ma molte delle sue funzionalità sono disponibili per animazioni, trasformazioni, gradienti, effetti filtro e molto altro. Funziona con tutti i browser moderni ma, se hai qualche dubbio, puoi verificare la compatibilità su https://caniuse.com.

Esistono due tipi di grafica che possono essere utilizzati nell'elaborazione: bitmap e vettoriale. Le grafiche bitmap come JPEG, PNG e GIF sono anche note come grafica raster e sono composte da singoli pixel con colori diversi. La grafica vettoriale come SVG, d'altra parte, definisce percorsi e punti che possono essere ridimensionati e mantenere la loro qualità. Questo li rende ideali per usi web come:

- loghi
- banner
- illustrazioni

Le immagini SVG presentano alcuni vantaggi intrinseci rispetto alle immagini bitmap:

- Poiché le immagini SVG sono composte da testo, sono spesso più accessibili e adatte ai motori di ricerca rispetto alle immagini bitmap;

- I vettori possono anche essere posizionati su altri oggetti e resi traslucidi, in modo che l'oggetto sottostante rimanga visibile;

- La grafica creata utilizzando SVG può essere modificata con relativa facilità e SVG può essere utilizzato insieme a CSS per definire lo stile dell'output. Questo non è attualmente realizzabile con le tradizionali immagini bitmap;

- Le immagini SVG sono normalmente più piccole in termini di dimensione del file rispetto a quelle bitmap.

Tuttavia, sebbene abbiano molti vantaggi, come molte cose nella vita, le immagini vettoriali non sono una soluzione perfetta per ogni applicazione. Ad esempio, è improbabile che tu possa produrre foto dall'aspetto realistico con i vettori.

Puoi incorporare SVG in documenti HTML standard e puoi creare un SVG utilizzando qualsiasi editor di testo. Tuttavia, potresti preferire utilizzare Adobe Illustrator o InkScape (un editor di grafica vettoriale open source) per creare le tue immagini SVG. Ora che sai di cosa si tratta SVG, passiamo alle cose buone: imparare a usarlo.

Per iniziare, puoi semplicemente utilizzare una semplice pagina HTML5 e inserire il codice SVG direttamente al suo interno. Cominciamo con un'immagine SVG di un cerchio rosso:

```
<!DOCTYPE HTML>
<html>
<body>
 <h1>Ecco un cerchio rosso:</h1>
```

```html
<svg width="200" height="200"
xmlns="http://www.w3.org/2000/svg">
  <circle id="redcircle" cx="100" cy="100"
r="100" fill="red" />
 </svg>
</body>
</html>
```

Salva il file e aprilo nel tuo browser e dovresti vedere una pagina con un cerchio rosso intitolato "Ecco un cerchio rosso:". La sezione SVG è delimitata dal tag svg, che definisce le dimensioni di 200 x 200px per l'immagine sulla pagina. Prova a modificare da solo parte del codice.

L'elemento circle specifica la forma che vogliamo disegnare con vari attributi. Gli attributi cx e cy definiscono il centro del cerchio rispetto all'area di disegno; l'attributo r fornisce il raggio del cerchio. Ciò significa che il diametro (larghezza) del cerchio apparirà come il doppio del valore che hai impostato come raggio. Puoi anche aggiungere un bordo attorno al cerchio:

```html
<!DOCTYPE HTML>
<html>
<body>
 <h1>Ecco un cerchio rosso:</h1>
 <svg width="200" height="200" xmlns="http://www.w3.org/2000/svg">
  <circle id="redcircle" cx="100" cy="100" r="100" fill="red" stroke="black" stroke-width="1" fill="red"/>
 </svg>
</body>
</html>
```

Oltre a un cerchio, è semplice creare altre forme aggiungendo tag appropriati all'interno del blocco svg:

```
<line x1="25" y1="150" x2="300" y2="150"
stroke="#F00" stroke-width="5" />
```

```
<polyline points="0,40 40,40 40,80 80,80
80,120 120,120 120,160" stroke="#F00"
stroke-width="5" fill="#FFF" />
```

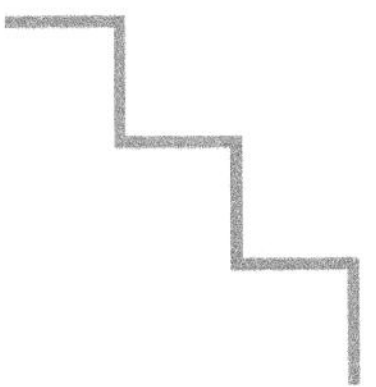

```
<rect width="300" height="100" fill="#F00" />
```

```
<ellipse cx="300" cy="80" rx="100" ry="50"
fill="#F00"/>
```

```
<polygon  points="200,10  250,190  160,210"
stroke="#000" stroke-width="1" fill="#F00" />
```

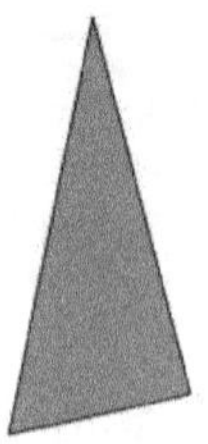

Nei browser moderni, SVG può essere utilizzato ovunque, in qualsiasi posto avresti usato JPG, GIF o PNG. Aggiungi a questo la possibilità di usare colori e sfumature, oltre al fatto che non si ottiene alcuna perdita di qualità quando si ridimensiona ed è qualcosa di davvero entusiasmante per la maggior parte dei designer.

Esistono diversi modi per aggiungere SVG alla tua pagina:

- Il tag object;
- Il tag embed;
- All'interno di un iFrame;
- Utilizzando uno sfondo CSS;
- SVG incorporato nella pagina HTML5;
- Utilizzando un tag img.

Quale metodo dovresti usare? Questo dipende dal progetto in questione ma, in genere, è necessario utilizzare object o embed se si intende utilizzare lo script DOM per manipolare l'immagine in JavaScript. Un iframe può essere utilizzato per lo stesso scopo anche se il codice diventa un po' più macchinoso. In alternativa, un SVG incluso direttamente nella pagina HTML potrebbe essere appropriato se hai bisogno di script ma l'immagine viene utilizzata su una singola pagina del tuo sito web.

Se hai solo bisogno di un SVG statico, usa il tag img o uno sfondo CSS. Questi non consentono la modifica dell'SVG sul client.

Capitolo 8
Web Workers

Ogni applicazione HTML5 è scritta in JavaScript, ma l'unica e più importante limitazione delle app HTML5 è che i runtime JavaScript dei browser sono di natura single-thread. Alcuni di voi potrebbero dire di aver eseguito attività in modo asincrono in passato utilizzando funzioni come setTimeout, setInterval e il nostro preferito di tutti i tempi, XMLHttpRequest. Ma, in realtà, queste funzioni sono solo asincrone, non concorrenti.

In realtà, tutte le attività JavaScript vengono eseguite una dopo l'altra e vengono messe in coda di conseguenza. I Web Worker ci offrono un ambiente multi-thread in cui più thread possono essere eseguiti in parallelo, offrendo una vera concorrenza. L'API Web Worker ci consente di scrivere applicazioni in cui uno script molto pesante in termini di calcolo può essere eseguito in background senza bloccare il thread principale dell'interfaccia utente.

Esistono due tipi di web worker: dedicati e condivisi. La differenza principale è la visibilità. Un web worker dedicato è accessibile dallo script principale che lo ha creato ma è possibile accedere a un web worker condiviso da qualsiasi script della stessa origine.

Per utilizzare un Web Worker, è sufficiente chiamare il costruttore Worker e passare l'URI dello script Worker:

var worker = new Worker('mioscript.js');

In questo caso, mioscript.js è lo script di lavoro che deve essere eseguito in background. Per comunicare con un web worker, è sufficiente chiamare postMessage sull'oggetto worker, passando un messaggio, se presente:

```
// inizio un worker senza messaggio
worker.postMessage();
// passo un messaggio al web worker
worker.postMessage('Sei pronto?');
```

Ma la comunicazione non deve essere unidirezionale. Anche il nostro web worker può rispondere! Per ricevere un messaggio inviato dal nostro Worker, alleghiamo un listener di eventi all'oggetto worker, in questo modo:

```
// registro una callback
worker.addEventListener('message',function(e){
 alert('Ecco un messaggio da worker, '+ e.data);
```

},false);

Alla funzione handler viene anche passato un messaggio eventobject. Questo oggetto ha una proprietà chiamata data che contiene il messaggio effettivamente inviato. Quindi, nel codice sopra, abbiamo effettuato l'accesso alla proprietà e.data per recuperare i dati inviati dal nostro Worker.

E cosa succede al messaggio passato come argomento a postMessage() nel nostro script principale? Bene, questo viene passato al nostro script Worker, che può essere recuperato registrando lo stesso listener di eventi. Lo snippet seguente mostra come farlo:

```
// inviato dal worker
self.addEventListener('message',function(e){
```

```
 self.postMessage('Ciao, sto lavorando
per te');
},false);
```

In caso di errore, viene chiamato il gestore onerror. La seguente callback dovrebbe essere registrata nello script principale:

```
// registro una callback su onerror
worker.addEventListener('error',function(
e) {
 console.log(
 'Si è verificato un errore alla riga:' +
e.lineno +' nel file '+e.filename
 );
},false);
```

I Web Worker vengono eseguiti in un "ambiente sandbox", ciò significa che non sono in grado di accedere a tutto ciò che può fare uno script normale. Ad esempio, non è possibile accedere all'oggetto globale window. Le caratteristiche di un web worker includono:

- accesso in sola lettura al navigator e agli oggetti location;
- funzioni come setTimeout / setInterval e oggetto XMLHttpRequest, solo come thread principale;
- creazione e avvio di sub-workers;
- importazione di altri script tramite la funzione importScripts();
- capacità di sfruttare AppCache.

Ricordiamo che non hanno accesso al DOM, né agli oggetti window, parent e document.

Sicurezza

L'API Web Worker segue il principio same-origin. Significa che l'argomento di Worker() deve essere della stessa origine di quello della pagina chiamante. Ad esempio, se la mia pagina di chiamata è all'indirizzo http://xyz.com/chiamante.html, il worker non può essere su http://zzz.com/worker.js.

In tal caso, il worker è consentito purché la sua posizione inizi con http://xyz.com. Allo stesso modo, una pagina http non può generare un worker la cui posizione inizi con https://.

Alcuni browser possono generare eccezioni di sicurezza se si tenta di accedere ai file localmente (tramite il protocollo file://). Se si ottengono tali eccezioni, è sufficiente inserire il file nel server locale e accedervi con questo indirizzo:

http://localhost/progetto/pagina.html.

Cosa succede se il browser non supporta l'API Web Workers? Sono disponibili diversi polyfill per supportare i browser meno recenti simulando il comportamento dei Web Worker. La pagina Modernizr su Github ha un elenco di tali polyfill ma il codice con esecuzione prolungata potrebbe non essere efficace con queste implementazioni. In questi casi, potrebbe essere necessario scaricare alcune elaborazioni sul server tramite Ajax.

I web worker ti danno un grande incremento delle prestazioni a causa della loro natura multi-thread. Tutti i browser moderni, a partire da IE10 e versioni successive, offrono supporto per i web worker. Di seguito sono riportati alcuni casi d'uso che puoi provare a implementare:

- polling in background e notifica all'utente dei nuovi aggiornamenti;
- pre-lettura e memorizzazione nella cache dei contenuti;
- esecuzione di attività computazionalmente costose e cicli di lunga esecuzione in background;
- attività di verifica che vengono eseguite continuamente in background.

Capitolo 9
Geolocalizzazione

L'API di geolocalizzazione fornisce un modo semplice per recuperare la posizione esatta dei tuoi utenti. Ad esempio, puoi creare un'applicazione che fornisce suggerimenti personalizzati agli utenti in base alla loro posizione corrente. Puoi anche tracciare la loro posizione sulla mappa per mostrare i dettagli di navigazione. In questo capitolo, ti fornirò una panoramica dell'API di geolocalizzazione e mostrerò come utilizzarla per creare magiche app HTML5 basate sulla posizione. Prima di utilizzare l'API, assicuriamoci che il browser la supporti:

```
if (navigator.geolocation) {
 // fai qualcosa
}
```

```
else {
 // API non supportata
}
```

Utilizza il codice seguente per ottenere la posizione effettiva dell'utente:

```
navigator.geolocation.getCurrentPosition(
success_callback, error_callback);


function success_callback(position) {
    console.log("Ciao, ecco le tue
coordinate:" +
        position.coords.longitude + "," +
        position.coords.latitude);
}


function error_callback(error) {
    var msg = "";
    switch (error.code) {
        case 1:
```

```javascript
            msg = "Permesso negato
dall'utente";
        break;
    case 2:
        msg = "Posizione non disponibile";
        break;
    case 3:
        msg = "Fuori tempo limite";
        break;
    }
    console.log("Attenzione! Si è verificato
un errore: " + msg);
}
```

La funzione getCurrentPosition() è di natura asincrona, ciò significa che la funzione ritorna immediatamente e cerca di ottenere la posizione dell'utente in modo asincrono. Non appena vengono recuperate le informazioni sulla posizione, viene eseguita la callback.

Viene passato alla callback anche un oggetto position e tutti i dati relativi alla posizione attuale dell'utente sono incapsulati in quell'oggetto. Le seguenti proprietà sono disponibili all'interno dell'oggetto position:

- coords.latitude: latitudine della posizione;
- coords.longitude: longitudine della posizione;
- coords.accuracy: informa lo sviluppatore sulla precisione delle informazioni sulla posizione (questo risultato è in metri);
- coords.altitude: l'altitudine attuale in metri;
- coords.altitudeAccuracy: utilizzato per stabilire la precisione dell'altitudine data (punto precedente);
- coords.heading: la direzione in cui si sta dirigendo l'utente;

- coords.speed: la velocità dell'utente finale (dispositivo) in metri al secondo;
- timestamp: il timestamp che indica quando la posizione viene registrata.

Potresti non aver bisogno di tutte le informazioni contenute nell'oggetto posizione. Nella maggior parte dei casi, tutto ciò di cui avrai bisogno sono le prime tre proprietà, poiché sono sufficienti per tracciare la posizione di un utente sulla mappa. Un altro aspetto importante da notare è che dovresti gestire qualsiasi errore con eleganza.

Quando la tua app tenta di recuperare la posizione, il browser chiede all'utente se la pagina richiedente deve essere autorizzata ad accedere alla posizione dell'utente. Se l'utente nega l'autorizzazione, viene chiamata la callback di errore (vedi la parte di codice precedente) e viene passato un oggetto error. La proprietà code indica il tipo di errore che si è verificato. Nota bene che potrebbe anche esserci un errore se la richiesta è scaduta.

La precisione della geolocalizzazione potrebbe essere importante per la tua app e puoi sempre scegliere di abilitare un'elevata precisione della posizione utilizzando enableHighAccuracy. Ma questo è solo un suggerimento al dispositivo di utilizzare un po' più di potenza in modo da restituire una posizione più precisa. Tieni in considerazione che il dispositivo potrebbe ignorarlo.

In molte situazioni, la posizione recuperata potrebbe non essere sufficientemente precisa o addirittura essere errata, a volte l'utente potrebbe non avere alcun interesse per la posizione recuperata. In questi casi, potresti voler consentire agli utenti di sovrascrivere la posizione.

L'API di geolocalizzazione è un ottimo strumento per lo sviluppatore che desidera creare fantastiche applicazioni basate sulla posizione che forniscano feedback in tempo reale agli utenti; tuttavia, dovresti ricordare che l'utente deve avere sempre una scelta. Come accennato, l'utente deve concedere esplicitamente l'autorizzazione alla propria applicazione per poter accedere effettivamente alla posizione. In questi casi, dovresti essere pronto a fornire contenuti alternativi.

Ecco alcuni piccoli progetti che puoi provare a realizzare da solo:

- Rileva la tua posizione e tracciala su una mappa di Google;
- Monitora continuamente la tua posizione e tracciala sulla mappa;
- Rileva la posizione di un utente e mostra i cinema nelle sue vicinanze;

- Consenti agli utenti di effettuare il check-in in luoghi diversi e di tracciarli su una mappa per mostrare loro in seguito i luoghi che hanno visitato quel giorno.

Conclusioni

HTML è il linguaggio di programmazione che alimenta il web. E come qualsiasi lingua, una volta acquisita la padronanza, puoi iniziare a creare i tuoi contenuti, che si tratti di semplici siti Web o di applicazioni Web complesse. Questo libro ha cercato di fornire gli aspetti essenziali e classici dell'HTML, coniugando la sintassi dell'HTML e le migliori pratiche per la scrittura e la modifica del codice. Abbiamo rivisto la struttura di un tipico documento HTML e come sezionare le pagine e formattare il contenuto con HTML.

Inoltre, abbiamo visto come integrare HTML con CSS e JavaScript per creare esperienze utente ricche e coinvolgenti, grazie anche all'aiuto di canvas e SVG.

Abbiamo rivisto anche parte della storia e dei benefici che la versione HTML5 ha apportato ai siti e applicazioni Web. Tutto questo ha contribuito alla crescita del digitale, accompagnato dalle continue ed incessanti vendite di dispositivi mobile.

In sostanza hai trovato un linguaggio che ha una struttura leggera, facile da imparare ed usare e supportato in tutti i tipi di browser. Non dimentichiamo che è un linguaggio il cui codice è facile da creare e modificare, facile da integrare con altri linguaggi di programmazione e consente di adattarsi alle modifiche in qualsiasi momento.

Adesso non ti resta che continuare su questa strada, sentiti libero di continuare con il tuo editor di testo o scegline qualcuno più avanzato che ti offra auto-completamento, la possibilità di versionare il tuo codice e tutto quello di cui hai bisogno. Non porti limiti e persegui il tuo obiettivo, solo così acquisirai l'esperienza di cui hai bisogno.